特定非営利活動法人　共同保存図書館・多摩
第13回多摩デポ講座（２０１２・２・25）より

被災資料救助から考える資料保存

―東日本大震災後の釜石市での文書レスキューを中心に―

青木　睦

目　次

はじめに――3
行政文書の組織的レスキュー始まる――5
歴史史料としての「公文書」／9
釜石市の公文書レスキューに着手／12
「文化財レスキュー事業」での文書救助活動／15
釜石市での文書救援活動――17
完全に流されてしまった戦災資料館／18
文書救助作業の実際／21
リスト作成は、早期の取り組み／27
全滅・壊滅的でなかったからこそ救助できた／31
文書の救助とその処置方法の経験――34
組織としての取り組みなればこそ――38
文化を伝えていくための日頃の心得――42
優先順位を明確にしておく／43
まとめ――45

はじめに

ただいまご紹介にあずかりました国文学研究資料館の青木です。

一九七二年に東京都品川区戸越に創設された国文学研究資料館は、立川市緑町へ二〇〇八年三月に移転しました。現在、東日本大震災から、ほぼ一年になりますが、大地震の怖ろしさは、まだまだ生々しいものがありますね。

さて、この国文学研究資料館の建物は、大きな危険性が指摘されている立川断層から一五メートル以上離れた場所に建っています。この時期に、なぜこういう場所に建てたかというと、アメリカ・カリフォルニア州の活断層ゾーン利用制限法というのを参考にしているからです。その法律では、断層の上に家は建てちゃいけない、施設は建てちゃいけないということでかなり厳しい制約をかけているのです。片側一五メートルですから、断層をはさんで約三〇メートルの間隔の所には建物を建ててはいけないというその法律に準拠した形で、とにかく断層から一五メートルは離れた所に建てようというようなことになったのです。移転が決まった時期には、「立川断層の近くに行くんだな」という大変な思いと、「多摩地区の方々とお近づきになれるな」という楽しみな思いとが重なりあったものです。

さて、前回二〇一〇年一〇月の当館見学会に続いて、皆さまNPO法人 共同保存図書館・多摩（多摩デポ）の方とこのような形で二回目の会が持てたことを、大変うれしく思っております。

これから私ども国文学研究資料館がどのような形で、東日本大震災で被災した資料の救助・復旧に当たったかという報告をしたいと思います。被災資料の救助や日常的な保存管理というのは、一日や二日お話ししても足りないくらいでして、画像で見ていただくよりも、実際に現地に赴いていただくのが一番ですが、実際に使っている用具等を見ていただくだけでも、一層実感を持ってとらえていただけるかと思います。

近年、「想定を超える災害」というのが毎年といってよいほど起こっていますから、多くの方に災害に対応できるだけのスキルを持っていただくことによって、多くの資料を救い、将来にわたって歴史資料として活用されるようにしたいと日々願っております。こういう機会を通じて、皆さま方が救助活動等を実際に行う時の一助となればと、本日は実演の時間もとらせていただきました。これまで行ってきた支援活動についてお伝えするとともに、次の段階へどのように繋げて行くのかということもご報告したいと思います。被災資料を救助した後、それらのものが保存・活用されるには、まだまだ長い年月がかかります。被災文書の救助だけでなく、現地の方々がこれから生きていくためには多種多様な支援が必要ですので、今後も皆さまにご支援をいただければと思います。

行政文書の組織的レスキュー始まる

お手元にお配りした資料について、確認しながら説明していきます。

① 当館施設見学のレジュメ

前回同様に、本日も地下書庫のご案内をしようと思っています。

② 「東日本自治体における津波被害文書の救助・復旧活動とその意義」

この「文書」は「もんじょ（古文書）」ではなく、「ぶんしょ（記録）」であります。

③ 「東日本大震災における津波被害の歴史文化情報資源のレスキュー」

津波被害文書の救助復旧活動の経過を文書化したもので、金剛株式会社の情報誌「パッション」Vol.33に掲載。

④「救おう文化財」「岩手日報」二〇一一年七月二九日11面

岩手県内の文化財等、博物館・図書館・アーカイブズや公文書を含めてのレスキューの実態について「岩手日報」がまとめた記事。

岩手県の場合は、陸前高田の博物館・図書館の救助もそうですが、岩手県立博物館や県立図書館の方々がいち早く活動されていたんですね。そこへ、文化庁がレスキューの体制を組むという形になりましたので、どちらかというと後方支援が文化庁の被災文化財等救援委員会で、最先端の活動をなさったのは岩手県の博物館・図書館だという実態があります。

⑤「歴史的記録遺産の救助プロセス」「阪神大震災美術館・博物館総合調査　報告Ⅱ」一九九六年五月収載

これは、一九九五年の阪神・淡路大震災の後に、私が執筆したものです。真ん中の面に、被災資料の救助についてということで「救助プロセスを示しておく」と書いてありますが、実際に私たちが被災資料を救助する時は、全くこの方法そのものなんですね。この基本的な心得は変わりません。阪神・淡路大震災の時、自治体の被災建築物は神戸市役所だけで、三階と四階部分が完全に潰れてしまいました。その階には、水道局とか文書課の現用文書があったのです。地震から何日か後に、水道局の主任の方が自殺するということがあったんですが、水道復旧にあたり、図面がない状態で復旧に取り組まざるを得なかったという事情をうかがって、「現用文書があったなら…」という思いを持ちました。

⑥「釜石市役所津波被災行政文書復旧作業ボランティアの募集について」

⑦「罹災文書のレスキューにたずさわって」一緒に活動していた国文学研究資料館の西村慎太郎氏がまとめたもの。

⑧「被災公文書等修復支援事業の実施について」（独立行政法人 国立公文書館）

「公文書を扱うのは国立公文書館の範疇だろう、国文学研究資料館の役割ではないだろう」とも思われる時期でしたが、「まだ公文書館の動きがないので」と始めました。この文書が出てやっと国立公文書館も動き出し、初期の救助からというよりも再生・復旧の事業を開始しました。洗浄・乾燥を主とした株式会社資料保存器材の木部徹さんが紹介された方法を元に**東京文書救援隊**方式で行いました。実際の作業手順（「被災公文書等の修復作業」）も参考に入れました。

東京文書救援隊（http://toubunq.blogspot.jp/参照）
東日本大震災から三か月後の二〇一一年六月に発足したボランティア組織。被災地に残された文書等の救済・復旧を目的として、図書館・アーカイブズの紙資料保存に関わってきた企業・個人で結成された。代表・安江明夫。
東京文書救援隊のホームページには、「被災した文書の復旧処置システム・マニュアル」も公開されている。

私は、長く資料保存の仕事をしていて、大きな災害の起きた現地に度々赴いているのですが、民間の個人が所有する古文書や写真、写真屋さんで保管している写真の救助ということが始まったのは、阪神・淡路大震災が起きた時でした。それまでの救助の対象は、博物館・図書館・アーカイブズ等の施設にある資料だけだったのですが、この時は、国・県・市町村の指定文化財だけでなく、民間資料も救助したのです。阪神・淡路大震災の後にも新潟県中越沖地震や洪水、台風等の自然災害がいくつもありましたが、やはり阪神・淡路大震災時の活動が実を結んで、施設以外の資料も救助されるようになりました。

歴史史料としての「公文書」

今回の東日本大震災で、なぜ私が行政文書、自治体文書を手がけたかというと、「阪神・淡路大震災の時にできなかったことをやろう」との思いがあったからです。

というのは、先ほど岩手県の話をしましたが、三月一一日の震災後、岩手県以外でも、かなり早い段階で様々な活動が始まっていました。例えば、宮城県の場合は、震災前から宮城歴史資料保全ネットワークという東北大学東北アジア研究センターの平川新先生が中心になっているＮＰＯ法人が、かなり広範囲にきちんとした悉皆《しっかい》調査を行っていました。事前の保存活動として、お爺ちゃんお婆ちゃん、お姉ちゃんお兄ちゃんたちと、どこにどういう資料があるのかということを調べる活動を学生さんたちと一緒にしてきており、すでにコミュニケーションを伴った形で活動していました。その地域が被災したということで、すぐに救助に入ることができ、スムーズに民間資料の救助が行われたものです。

岩手県立博物館の活動では、地元の教育委員会の文化財課がそのエリアの民間の資料所在場所を確認しています。日頃から、地元のお爺ちゃんお婆ちゃんたちの家の蔵の何階にはどういう文書があるとか、どういう民具があるんだということを知っているわけです。土砂崩れ等があって納屋や土蔵が崩れた時に、「あ！　あそこにはどういうものがある」ということを、事前に把握しているからこそ、直ちに必要な行動に取り組めるのです。地域の文化財事情を把握する役目は、本来は市町村の教育委員会文化財担当であったり、博物館の学芸員であったり、図書館の司書であるはずなんですね。ところが今、そういう力が一般的にはとても弱いという現状があります。

しかし、宮城県の場合は、その弱点を東北大の地域連携という形でカバーしてきていたということになります。

そういう活動を見ていった時、阪神・淡路大震災の時にできなかったことで今回取り組まねばと考えたことということと、やはり公文書・行政文書の救助なのです。

今回は、大槌町役場や陸前高田市役所の庁舎が津波で完全に流されて、何もない状態になったということを三月二七日の朝日新聞で知りました。自治体の文書等を救助するのはどうしたらできるのかということを、ずっと課題としてきていたものですから、「これまでの私の経験を活かせるんじゃないか」と考えました。

そうはいうものの、では何が経験になっているかというと、実は、その災害現場に行った際の度胸だけなんです。災害現場に行けば、「こんな時に、お前らみたいなのが来たって、どうするっていうんだ!」と罵声を浴びせられるのが普通です。それにも馴れました。そこで躊躇・逡巡することなく、「いえ、こういうことができるんですけど、どうでしょうか?」と言えるようになるのが、災害現場を歩いてきた経験の大きな強みでもあります。ただ、「啐啄同時《そったく》」というか、要するに支援を受ける側が「助けて」と言うのと、支援する側が「助けたい」と言うのとが、機を一にできるようにするには、双方の心の準備が重要なんです。日頃から考えておく、非常時に備えた心の準備が必要なのです。皆さんも怪我をすれば、救急車が到着した時には救急隊の方に「助けてくれ」と言いますよね。それはやはりこれまでの教育の中でのトレーニングで、社会がそういうシステムになっていることを受容しているからなんです。

ところが、大きな災害の時に、博物館や図書館が被災したからといって、「助けて」と言っていいのだろうかとか、「助けに来ました、すぐこういうことをやれます」と行動していいのだろうかというためらいがあるんですよ。このためらいが阪神・淡路大震災以降、少しずつ薄れてきて、「機を一にした支援と受援」ができるようになってきたという気がしております。

釜石市の公文書レスキューに着手

以上のことを踏まえ、やっとひとつ、岩手県釜石市という自治体の支援ができたという経過になります。

その後、日本経済新聞の二〇一一年六月二五日36面に「自治体公文書　大震災で打撃　津波で流失・海水に漬かる」という記事が出ました。今お話しした公文書ですが、公文書の中に歴史史料があるというのは、皆さんよくご存じだと思います。ただ、ここにいらっしゃる方々には「全ての公文書がいつかは歴史史料となるし、多くの歴史史料を含んでいる」ということは自明の理だと思いますが、これが案外、一般的な認識でもないんですね。活動していいますと、「青木さん、文書《もんじょ》とか近現代の資料とか歴史史料だったらわかるけど、何で公文書なんだよ?」と言われるんです。「公文書は現在と後世の歴史資料なのに、何で救助しちゃいけないんですか!」と切々と訴えないと、これほどの大災害の時でも「あいつは、仕事以外のことをやっている」と言われてしまいかねないのです。

そういう中ではありましたが、この活動を取り上げてくれた日本経済新聞の記事と、東京藝術大学大学院の稲葉政満先生が東京藝術大学の研究発表会で報告された「海水で被災した紙資料の洗浄とその保存性評価」(李墉、稲葉政満、久利元昭)が後押ししてくれました。

後でもお話ししますが、海水が紙資料に対してどういう悪さをするのかということについては、有限会社東京修復保存センター代表の坂本勇さんや東京大学大学院農学生命科学研究科の江前《えのまえ》敏晴准教授が、海水はそんなに悪さはしないということをバンダ・アチェの津波被災資料救助の経験から**論文**にされていたのが頭にあったので、参考にいたしました。

論文

「水害被災した紙文化財の塩水を用いた緊急保存法の開発」江前敏晴(第七八回紙パルプ研究発表会講演要旨集 二〇一一収載)

私たちが四月に現場に入った時には、「たぶん大丈夫だろうけど、どうかな」と、心配が半分あったのですが、実際に分析をしてみると、強度についての経時変化は被災したものと被災していないものとでは、ほとんど変わりませんでした。

次に、もう一綴りのレジュメ⑥「釜石市役所津波被災行政文書復旧作業ボランティアの募集について」について説明します。

これは、釜石市での活動をひとまず終結させるにあたって、二〇一二年三月九日から一五日までの期間の作業要員を募った文書です。釜石市での一連の活動は、三月末で、ほぼ終える予定です。今でも常時一五名から二〇名ぐらいの皆さんが、ボランティアで来てくださっていますが、どうぞ皆さんの中にも来られる人があれば来ていただきたいと思います。洪水で被災した泥やカビにまみれた状態の文書等が「どうやって私をきれいにしてくれるの?」と待ちわびていてくれますよ。

作業者の健康のためにも、準備装備品等もきちんとやっていく必要がありますので、それも含めて「こういうことをこんなふうにやっていますよ」と文書の中で示しておきました。実際の復旧作業方法は、とってもわかりやすいものですが、本日の二時間半で実習をするのはちょっと時間的に無理なので、できたら現地へ行ってレクチャーを受けていただきたいと思います。

　私としては、四月以降は新たに、これらの被災文書の救助復旧のプロセスの見直しをするための研究に入ろうかと思っています。というのは、今回この報告の中でもお話ししますが、支援ボランティアの数が延べ五〇〇人を超えています。このように、それだけの人員が必要なケースがあった場合、「どういうプログラムで行ってもらうか」をはじめとして、すぐに様々な基本的プランニングを作成することが重要になってきます。そういうことの研究を始めようと思っています。

「文化財レスキュー事業」での文書救助活動

　私がなぜこの文化庁の文化財レスキューの中で活動するかといえば、やはり阪神・淡路大震災の時に「それぞれの立場を生かすのが大事だ」ということを知ったからです。つまり、例を挙げるならば、「東京消防庁のハイパーレスキュー隊」という看板があるからこそ被災地から呼ばれ、救助にあたることができるんです。個人的に「国文学研究資料館の青木睦」で行っても活動できないんですね。「東京消防庁のハイパーレスキュー隊」、こういう組織看板があるとないでは全然違います。そういう意味では、文化庁の担当者を前から存じ上げていたので、「早く組織を立ち上げてね。今回は古文書《こもんじょ》とか民間所蔵の他にも公文書や行政文書というのを視野に入れないといけないですよ」と、ある対談で早くからお願いしていました。文化庁が公文書や行政文書を救援事業の対象に入れたくはない気持ちもわからないでもないのですけれど。最近、文化庁は**明治期の行政文書を重要文化財に指定**したことですし、明治期のものを重要文化財に指定したなら、その先にある現在の公文書だってきちんと視野に入れないといけないわけですから。

重要文化財に指定された明治期の行政文書
文化庁は、京都府、山口県、埼玉県に続き、群馬県の行政文書（平成二二年六月二九日指定）を重要文化財に指定している。

他には、先ほどの岩手県の活動とともに遠野の文化研究センターがとてもよく活動しています。「どうして遠野は釜石に来ないのかな?」というのが疑問でしたが、遠野は大槌町や大船渡市や陸前高田市には救助に行っているんですが、釜石市には行っていないのです。これは江戸時代の地縁が影響しているようなんですよ。昔は大船渡や大槌から海産物が遠野を越えて内陸に入って来たのです。釜石は江戸時代には漁港としてはそんなに大きくなく、繋がりが薄かったようなのです。それから、釜石は鉱山があることと、とても地盤が硬いという理由から明治になって製鉄所ができますよね。そうして、いろいろな人たちが集まってきた新興都市なんですよね。工業都市だということが周りの町の人から見ると、どうもなじみにくいように感じたみたいです。私はもう何度も釜石に足を運んでいるのですが、「なんかみんなが冷たいみたい…」と思っていたのです。地元の方にしてみれば、釜石は今ではちょっと廃れちゃったけれど、以前には隆盛な時代があったものだという意識があるようです。それぞれ江戸時代からの歴史の流れをひもとくことで、繋がりがある町と、ちょっと距離がある町等の違いがだんだんわかってきました。

釜石市での文書救援活動

では、導入がちょっと長くなってしまいましたけれども、今回の津波での活動の経過とい

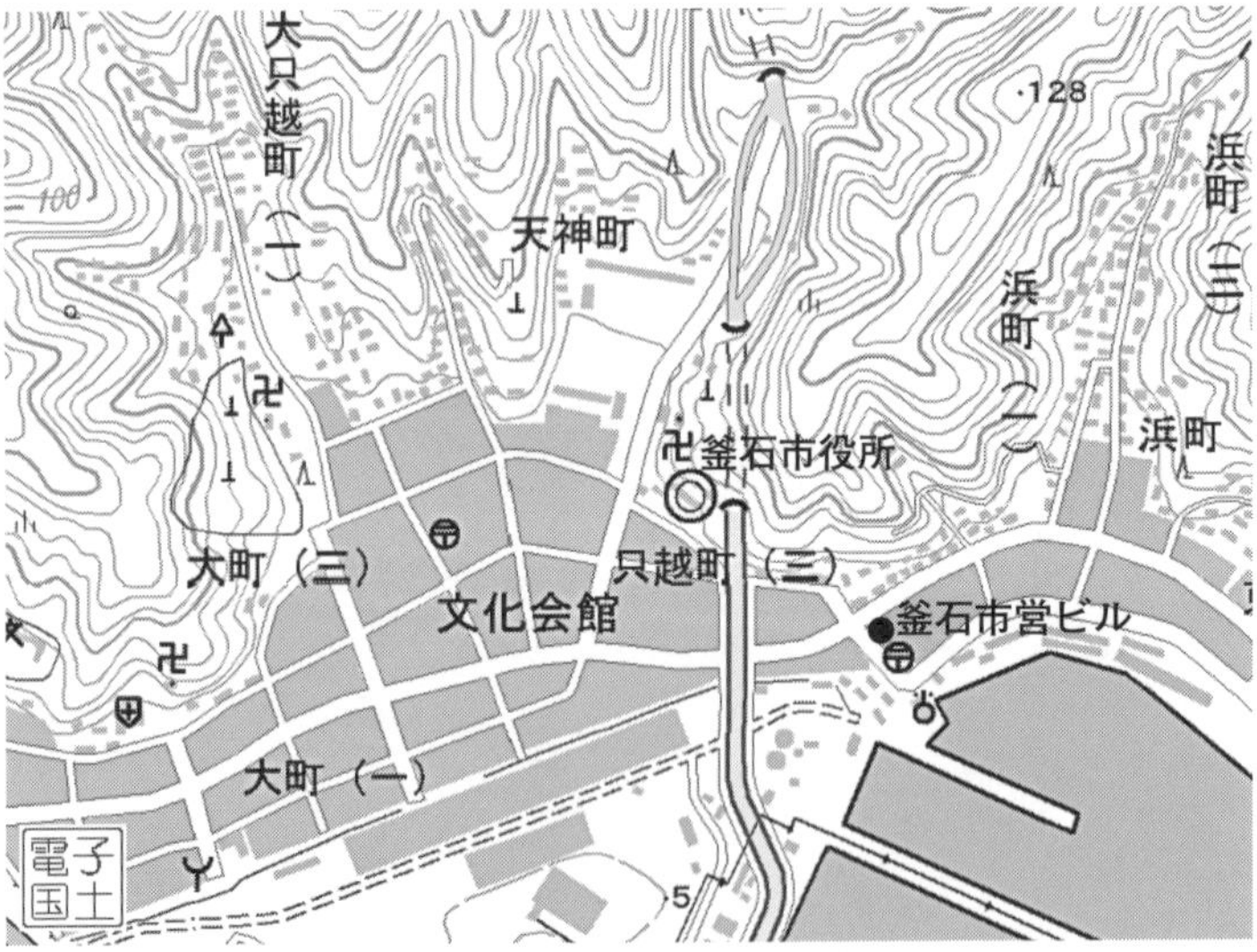

図１　戦災資料館は、浜町1-1　釜石市営ビル内にあった

うものをお話ししていきたいと思います。

完全に流されてしまった戦災資料館

まず、釜石市内の悲惨な写真等をお見せします。

最初は、元の釜石の市街地図（図１）です。釜石は明治三陸地震の大津波とチリ地震津波の被害にも遭っています。それから一九四五（昭和二〇）年の夏、終戦直前の七月一四日には本州初の艦砲射撃を、翌月の八月九日には二度目の砲撃を受けて焼け野原になっています。

震災が戦時中のことを連想させました。というのは、「津波避難ビル」として指定されていた建物の一階と二階に「戦災資料館」が作られていたのですが、今回、その戦災資料館は津波

図２　津波襲来直後の釜石市庁舎前（釜石市提供）

で完全に流されてしまいました。折角、力を入れて集められた戦災資料が、今回の津波で全て失われてしまったことも、戦災資料館のパンフレットとともに紹介しておきたいと思います。

釜石市の状況ですが、図2が市役所の周りです。釜石の場合、中心街はほとんど全て打撃を受けました。海抜一〇メートル程度のところまでは津波に飲み込まれてしまったことになります。

資料⑦「罹災文書のレスキューにたずさわって」の中で西村慎太郎さんが書かれているように、釜石市は世界最大水深としてギネスブックに認定されたほどの巨大な堤防を作っていますが、実際のところ、今回の場合ではそれは役に立たなかったということです。

実は、釜石の方は皆さん地震で一旦高台に上がってから「もう大丈夫じゃないか」と、自宅のほうに降りて行かれたということです。一旦避難した後自宅に戻ることがなかったら、今回亡くなられた方の半数は生きていらっしゃるはずなんです。津波が来るまでに三〇分以上かかっていたのです。だから、ワッと高台に逃げたのに、すぐに津波が来ないものだから安心されたのでしょう。で、戻ってしまった。「そんなに大きな津波は来ないだろう…。いや、来た！」と、もう一度逃げようとして、波に飲み込まれたということです。ビルの中とか家の中に留まっていた方がかえって大丈夫だった、ということもあったようです。

図3　2011年5月8日　釜石市役所第一庁舎

文書救助作業の実際

次は、釜石市での活動の内容についてお話しします。

図3は二〇一一年五月初めの釜石市役所第一庁舎の写真で、地下の文書庫というのは、ちょうどこの下あたりになるんです。庁舎一階の駐車場の中を津波が這って、一気に地下に浸水していったということです。市役所は海抜一〇メートルぐらいのところにありますから、普通だったら大丈夫なんですけれども、実際にはここまで到達する津波の大きさでした。

四月二六日の市役所の地下文書庫の被災状況は、図4のようでした。入るともう、たくさんの台帳類が落ちていましたし、かき分けて中に

図4　2011年4月26日の釜石市役所地下文書庫

図５　瓦礫で踏み込めない文書庫

入ると、本当にひどい有様です（図５）。集密書架は倒れたままで、これを真っ先に救助しなくてはならないということで、プログラムを立てていきます。

まずは真ん中の通路の瓦礫を全部出して、とにかく外に出す。

次に、書架に番号をつけていきます。というのは、各課はどの番号の書架にどういう文書を入れていたかを大体分かっていますから、私たちで適宜番号をつけていきます。これは、江戸時代の古文書をお蔵から出すのと全く同じ方式です。ただし、きれいに並んでいるわけじゃないので、一段目を取ったら次の棚を取って来るのではなくて、くり抜いてトンネル状に開けていくんですね。棚が壊れてファイルが散乱し、前に飛び出しているものなどたくさんあります。棚のファイルですが、初期の段階で赤カビがかなり繁茂しています。一旦全部が水に浸かるのですが、水が引く時には上から引いていくので、上のものは比較的状態がいい。三段目、四段目、五段目と下に行くほど水に

図６　棚から取り出したファイルの状態

浸かっていた時間が長いために状態が悪い。
カビは、文化財研究所に分析してもらいました。この赤カビは、後日、放線菌ストレプトマイセス属菌で、赤色色素を生成するものだとわかりました。なかなか色はハデですが、それほど人体への影響がないタイプだということだったので、そのまま搬出できました。もちろん粉塵予防のマスクとアイガードをちゃんと着けてやっていましたが。

図６は、どんどん取り出していったところのファイルの状況ですね。ビショビショで、カビがひどかったもの。こういうものは、座布団圧縮パックを使って、その中に入れるんです。それには、カビのこと以外にも理由があります。つまり、行政文書というのは住民の個人情報を

扱っているのですから、厳重な守秘義務を負います。われわれも釜石市に守秘義務について「見た文書の内容等については、口外しない。きちんと秘密を守ります」という内容の誓約書を出しています。この誓約書は、ボランティアで関わった全ての皆さんから出してもらっています。それから、私がこのように講演等でお見せするものについては、釜石市の承諾をもらっています。ですから、中身がわからないように、あまり何々課とか言いません。役所の組織をよく知っている方には、「何々課」と言っただけで、「あ！　ああいうすごい台帳をあそこは持っているんだ」とわかってしまいますから。

文書庫内で吸水・乾燥・パッキングして、カビが増殖しないようにし、作業者もカビに触れないようにする。市のほとんどの課の文書が入っているわけですから、中身が見えないようにしておけば、一般のボランティアの方にも運んでもらえる。そういう状態にしました。そうでないものは、普通のビニール袋に入れます。ビニール袋に入れて、あるかたまりで番号付けをしていかないと、搬出の時に順番を間違えたり、どこの棚の物か分からなくなるということがあるんです。

一方、箱に入っていたものの中身はきれいです。いつもお話ししているように、やはり普段の努力、日常的な保存活動が大切です。皆さんもよくご存知のように、保存容器に入れる、封筒に入れるというのは、もちろんその資料そのもののためでもありますが、災害が起きた時、水がかかったり火にあたったりしても、きちんとした形で発見されれば、何とか対処できるのです。容器がビニール袋の場合、水による被害の場合はともかく、火事の場合は熱でビニールが資料にくっついてしまうわけですね。以前、東京都国分寺市の遺跡発掘現場の施設が放火されたことがありました。その発掘資料はプラスチック製のコンテナ（プラコン）に収納していたものですから、プラスチック樹脂が溶けてしまい、瓦をはじめ調査した遺物などに樹脂がこびりつき、分離できない状態になってしまったのです。フィルムに封入するというのは、一般的に用いる方法なんですけれども、火災等に遭った場合には、そのまま圧着してしまう危険性もあるわけですね。私たちが、なぜいつも「紙を使って」と言うのかといえば、「何か災害が起きた時の被害を最小限にすること」を第一に考えるからだということをお分かりいただきたいと思います。

図7は、乾燥に向けての準備をしたところです。これをプラコンに入れて運んでいきます。釜石市の時は、企業のボランティアの方も大勢で運んでくださいました。

乾燥させる場所は、市役所から二〇〇メートルぐらい先なんですよ。市役所の地下から外に出、一旦道路を渡って、一階部分が被災した第四庁舎、同じく一階部分が被災した第三庁舎を越え、さらに道路を越えた向こう側の旧釜石第一中学校へ、プラコンをリヤカーで運びました。人力で四階へ運び上げるわけです。一階、二階部分は他の行政文書で塞がっています。やっぱりみんな高いところへ運ぶのは辛いから、空いているのは四階、五階なんですね。プラコンをひとつずつ持って上がっては、これを開けていく。ひとまずビニール袋から出して、ひもで縛って番号がとれないようにしてから乾燥させていきます。

実際に乾燥させている状態が図8です。二〇〇平方メートルぐらいの大教室に、資料を縦に並べて乾燥させています。六月一一日には、もう完全に終わったという状況になりました。とにかく搬出して移動して乾燥できるところへ持って行くのに、二か月程度かかるだろうということでプログラムを作りました。

カビがひどく、機密保持も必要な文書を座布団圧縮パックを用いて書庫内で吸水・乾燥（スクウェルチ・パッキング法）

文書庫で搬出待機中の文書

図７　乾燥場への搬出準備を終えた文書

再度、スケジュールを簡単におさらいします。

- 二〇一一年四月二六日（震災から四六日目）
　応急対応
- 五月六日〜七月一三日　復旧作業（第一期）
　搬出→移動→乾燥できる場所への運搬、被災資料のリスト作成
- 七月一四日〜一〇月　復旧作業（第二期）
　継続乾燥、完全乾燥
- 一一月〜二〇一二年三月　再生作業
　クリーニング、ファイル交換、リストとの照合、番号順の配置換え等

リスト作成は、早期の取り組み

被災資料のリスト作成は、早い時期に行いま

図8　200平方メートル程の大教室での整形・乾燥中の文書

す。

「この大変な時に、どうしてリスト作りなんかに手をかけてるの？」と怒られたりするのですが、何が重要で、どれを早めにきれいにしたらよいかの段取りをするのに必要なのです。担当者に「現場で見てください」と言うわけにはいきません。そういうことを考えると、早くリストを作らないと、その後の作業を円滑に進められないということがお分かりかと思います。七月の段階までにリスト作成を終えておいたので、リストと現物の照合ができるようになりました。

現地の支援はとても一年で終わるものではなく、継続性を持ったものだとはいうものの、やはり段階を区切って進めていかないといけません。次は何を目標にしていくのか、その次は何を目標にするのかとはっきりさせていく必要があります。

今後は、被災文書の復興**ソリューション**調査研究期にする予定です。これは様々な被災資料の保存科学的な分析、被災したものをよりよくするための保存処置の研究、現地での文書管理のあり方のケアというようなことも含めた形でやっていこうと思います。また、記録保存の観点から、この三・一一の震災を、この被災地でどういう形でアーカイブズ化していくかということ、記録保存とはどうあるべきかということも考えておく必要があろうかと思います。
復旧作業着手から、これで約一一か月経ったわけですが、二〇一二年四月以降は一応の区切りをつけて、次の段階ということになります。

ソリューション（solution）
業務上の問題点や課題を解決するための手段、または主にそのために導入される情報システム全般を指す。

釜石市役所の庁舎は、昭和二九年に建てられたものですから、六〇年近く経ており、老朽化した建物だといえます。近年人口減少が進み、四万人を切っていたところで震災に見舞われ、人口減少に拍車がかかってしまったわけです。その中で、どうやってまちづくりをしていくかは、実は震災前から大きな課題だったのです。市の様々な施設をどうしていくのか、地震や津波への対策はどうするか。一〇〇年後に被災しても大丈夫なものを建てるという考え方もないわけではないですけれども、とにかく、新たにどういうまちづくりをやっていくのかの方針が必要になってくると思います。そういう時に、地域の資料や行政文書がきちんと保存できるような場所をどこかにきちんと作らなければなりません。「場所」というのはとても大事です。今、私たちが使っているのは、釜石市の廃校になった第一中学校で、その校舎を全て使わせていただいています。とてもいい場所で、今後の活動の拠点になるかと思います。

問題なのは、岩手県には県の公文書館がないということです。県にすらないのですから、もちろん市町村にもないわけで、そういうところの自治体は、行政文書に含まれる歴史史料の保存が急務です。われわれ市役所外部の人間が、今回、四月の二六日に現地に入って、釜石市役所で被災した行政文書について、「こういう救援ができます」と申し出たところ、総務課の方から「そういう形での来訪・調査についてなら受け入れます」との承諾をいただけたので、作業に入ることができました。地下文書庫だけでなく、同じように被災した第三庁舎、第四庁舎等様々な所の状況も見せていただきました。

そこで、実際にどうやって復旧作業、救助作業をしていくかについて、簡単な提案書を一枚作成し、翌日持って行ったところ、タイミングよく市長さんにもお会いでき、「やっていただきましょう」ということになりました。われわれがコンタクトをとって、向こうが提案について受け入れたからこそ、実際の要請が上がってきたのです。この四月の段階では、当該自治体外の者がそういう形で入ったのは初めてでした。釜石市以外の自治体の場合、自分たちの行政文書や公文書についての救助は、当該自治体の職員やOB等が自分たちでやらざるを得なかったでしょう。しかし、この時点では一方で喫緊の事業として、ライフラインの復旧とか被災者の方の日常生活の支援を続けてやって行かなくてはなりません。自治体職員としては、行政文書が二の次、三の次になるのは止むを得ません。だからこそ今回、「外部の人間が入って行く場合の方法はこういう形で」というパイロット的なケースを作り出せたことは、大きな成果だったと思います。こういったことは、阪神・淡路大震災の時にはとてもできなかったことです。

全滅・壊滅的でなかったからこそ救助できた

よく聞かれるのは、「なぜ釜石市に入ったのか」ということなんですが、私にこれまでの災害救助の経験があったからというのが理由です。陸前高田市は壊滅的、大槌町も壊滅的です。それに比べれば釜石市の行政施設は、市庁舎が部分的に被災したということで、市役所の職員も逆に諦められないんです。全て海の彼方に流されてしまったのではなく、津波の水に浸かったとはいえ、存在していることが分かっているわけですから、何とかしなくてはという気持ちが強いのです。陸前高田市や大槌町のように周りも何もかも壊滅した状況では、文書を何とかしようということは、職員の方も「もう諦めています」とおっしゃって、逆に到底受け入れができないというケースになります。七月にやっと宮城県の女川町や岩手の陸前高田市に、群馬県立文書館の方や全国歴史資料保存利用機関連絡協議会（全史料協）の方が入って、自治体の文書等の救援ができるようになりました。大槌町の役場にも、「役所の中に文書が残っているので、文書の救助ができるようになりましたら、釜石市の総務課にご連絡ください。お手伝いさせてください」とお伝えしたのですが、地元の人はみんな「大槌は釜石には相談しないでしょう」と言うんですね。釜石でなく遠野市に頼るのです。昭和と平成の合併のいきさつ等もいろいろあったと聞きました。

組織における**記録のライフサイクル**というのは、現用→半現用→非現用ということで、釜石市の場合「現用」は原課（作成部局）に置いてあります。「半現用」がどこにあったかというと、今作業場になっている旧釜石第一中学校の各教室です。総務課はAの3の1、財務課はCの5の1というように、仮保管庫ができていたのです。やっぱり役所の人は文書って捨てられないんです。記録資料、歴史史料になるかもしれないのが分かっているわけですから。その仮保管庫の空いた場所を乾燥場所として使わせてもらったということで、実は現用、半現用からアーカイブズに至る道というのは、ほとんど自然にといっていいほどに、できあがっていたのです。後はこれに**リテンションスケジュール**と、きちんとした形でのリスト化が進めば、遠い道のりではないということでもありました。

記録のライフサイクル

事務文書等「記録の発生や収受から、最終処置までの全期間のこと」(『文書館用語集』大阪大学出版会)

リテンションスケジュール

文書の種類ごとに保存年限を決めること。

ただ、今回まだまだアーカイブズのできていないところで、現用も半現用も一切合切被災してしまったというんですね。ということは、今回も、現用のものも半現用のものも、たとえ本来残さなくてはいけないものであったとしても「もうダメになってしまった」と諦めていれば、危うく廃棄されてしまう可能性も否定できないのです。よくいわれるんですが、「若い時に死んだら、決して老人にはならない」んですよね。やはり長生きすることによって、アーカイブズへの道筋ができあがっていくんだろうということです。「繋ぐ」ということの流れがきちんとできていけばいいと思います。

文書の救助とその処置方法の経験

私たちが関わってきた資料の救助というのは、実はもっと前からその事例があったということを紹介しておきます。配布資料②「東日本自治体における津波被害文書の救助・復旧活動とその意義」の綴り

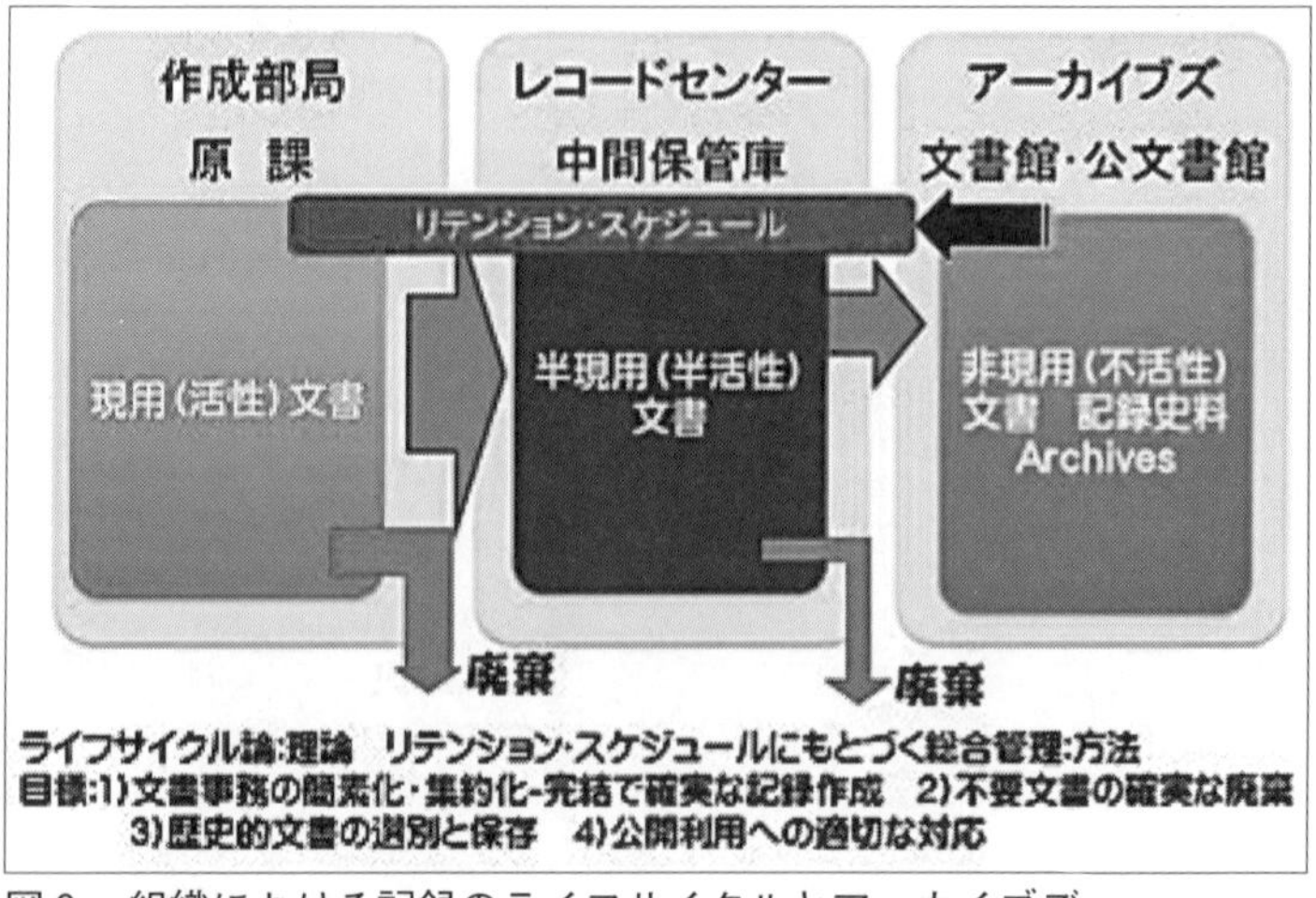

図９　組織における記録のライフサイクルとアーカイブズ

の中の「災害復旧のＤＮＡ」をご覧ください。

●真空凍結乾燥処置の経験

一九九二年ですから、もう二〇年も前ですね。その時に初めて**真空凍結乾燥処置**に取り組み、今回も多くの古文書については真空凍結乾燥で処置されています。今から二〇年前に初めてやってうまくできたというものの、真空凍結乾燥を広めようと思っていろいろお話ししていくと、「もっと大量になった時に、現場でこんな機械は使えないだろう」ということと、「その後の処理をどうしたらいいんだ」等の意見があって、「どの場所でも、誰でもできる方法も重要」であると認識したことがあります。

真空凍結乾燥

物品を凍結し、真空状態で水を昇華させて乾燥する方法（『栄養・生化学辞典』朝倉書店）

●放火や台湾集集大地震による被災救助の経験

栃木県西那須野町（現・那須塩原市）郷土資料館の一九九三年の放火。これも博物館の被害としては大きかったものです。事件の翌日に私の他、周辺地域の文書館等の職員の方々が入りました。とにかく火事にあったものを救助しなくてはいけないからと、茨城、栃木、群馬、埼玉等の関係者に声をかけて集まってもらいました。東京国立博物館保存専門官のK先生も、「ここに高橋由一の油彩画があったはずなので、それが被災したら大変だ」と駆けつけてくださいました。

一九九九年には、台湾集集大地震がありました。この時も台湾へ文書の救助・救援に行きました。

●天草市の大洪水による被災救助の経験

これまでで一番大きな救助経験は、天草市での大洪水です。

この時は段ボール箱二一〇〇箱でした。今回、釜石市で地階の文書庫から救出したのがプラコンで一〇〇〇箱ほど。冊数にすると、二万冊くらいです。その倍を超える分量のものですが、これは天草市が平成の合併の際に、合併する各市町村から合併文書として集めたものをまとめ、「さあ、これからアーカイブズリスト作りに取りかかろう」という時に被災してしまったんですね。ところが、仮置き場にした建物一階のこの場所というのは、不思議なことにどういうわけか必ず一〇年に一回洪水に遭っているんです。で、「長期にそこに置いておかずに、明日は、瓦揚げ機で二階に上げよう」と申し合わせて準備して帰った翌朝の明け方に大雨が降り、洪水になって全部浸水してしまったのです。担当職員としては泣くに泣けない上に、周りの職員からは「なんであそこに置きっ放しにして…」と言われ、それは辛いものがありました。

その時の天草市での乾燥の仕方が図10です。この洪水では泥水に浸かってしまい、かなりグジョグジョの状態になってしまいました。この時は、二〇ある教室を全部使って、各教室一人の非常勤雇用の方に、「荷を解き、立てて乾燥」という作業をしてもらいました。津波で海水に浸かった場合、初期にカビは一回出るのですが、その後は、それほどカビにやられることはありません。ところが、淡水に浸水したものは、すぐにカビますし、腐ってしまいます。本当に大変でした。

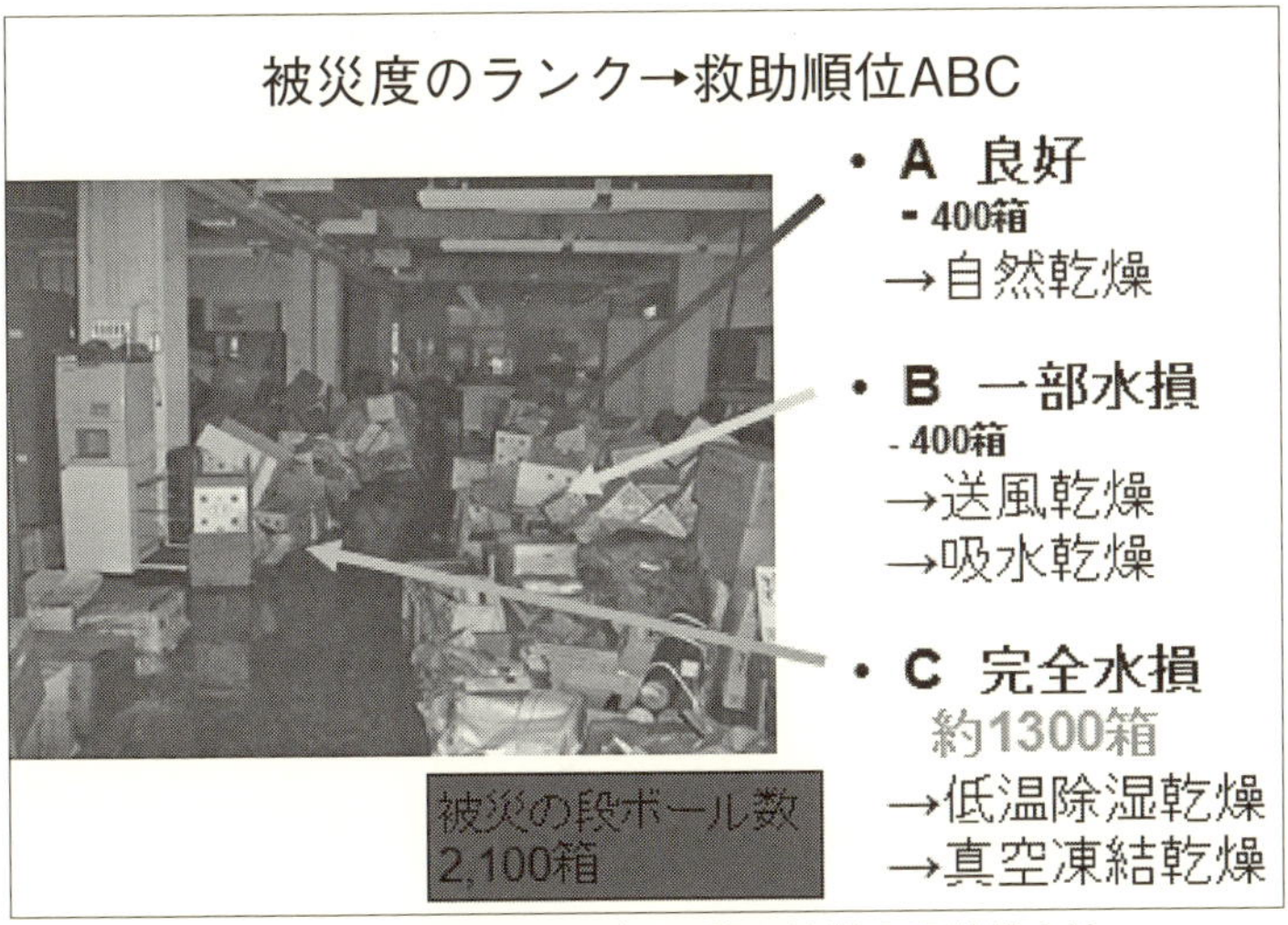

被災度のランク→救助順位ABC
• A 良好
- 400箱
→自然乾燥
• B 一部水損
- 400箱
→送風乾燥
→吸水乾燥
• C 完全水損
約1300箱
→低温除湿乾燥
→真空凍結乾燥
被災の段ボール数
2,100箱

図10　天草市大洪水（2006年7月）の際の被災文書乾燥方法

この時もこれまでの経験を生かし、優先順位をつけて救助にあたりました。完全水損、一部水損の両方のものがある時に、どういう優先順位で救助していくかというと、被害の程度の軽いものから重篤なものへという順になります。

被災した時には「被害を拡大させない。最小限に抑える」のが鉄則です。グチョグチョになってしまっているものは、余程重要で緊急度が高くない限り後に回して、最初は、その後の処理の少なくて済みそうな良好なものを一番いい場所に運ぶ。次に一部水損のものを運ぶ。完全水損してしまったものは一番最後になっても仕方がない。そのように、優先順位をつけていかざるを得ません。

組織としての取り組みなればこそ

先ほどもお話しした文化財レスキュー事業では、一応文化庁が組織化して協力を受け、被災文化財等のレスキューを行うことになりました。事務局は「被災文化財等救援委員会（文化財レスキュー委員会）」です（図11）。

事業名に「等」という文字が入っていますが、この「等」が重要なんですよ。

私はいつもこの種の会議に出ると、「文化財〝等〟」と大きな声を出して言うんです。「等」がない場合には、文化財指定されたものに対象を限定したと思われてしまいます。民間所在のものや、こういった歴史的史料としての公文書なんかも救助対象だということを〝等〟で意識してもらう必要があるのです。ここにきて「文化財等」に対処するシステムが作られたことによって、文化財・美術関係団体の中で、私の職場である国文学研究資料館の母体（大学共同利用機関法人 人間文化研究機構）がそのシステムに入ったんですね。この大学共

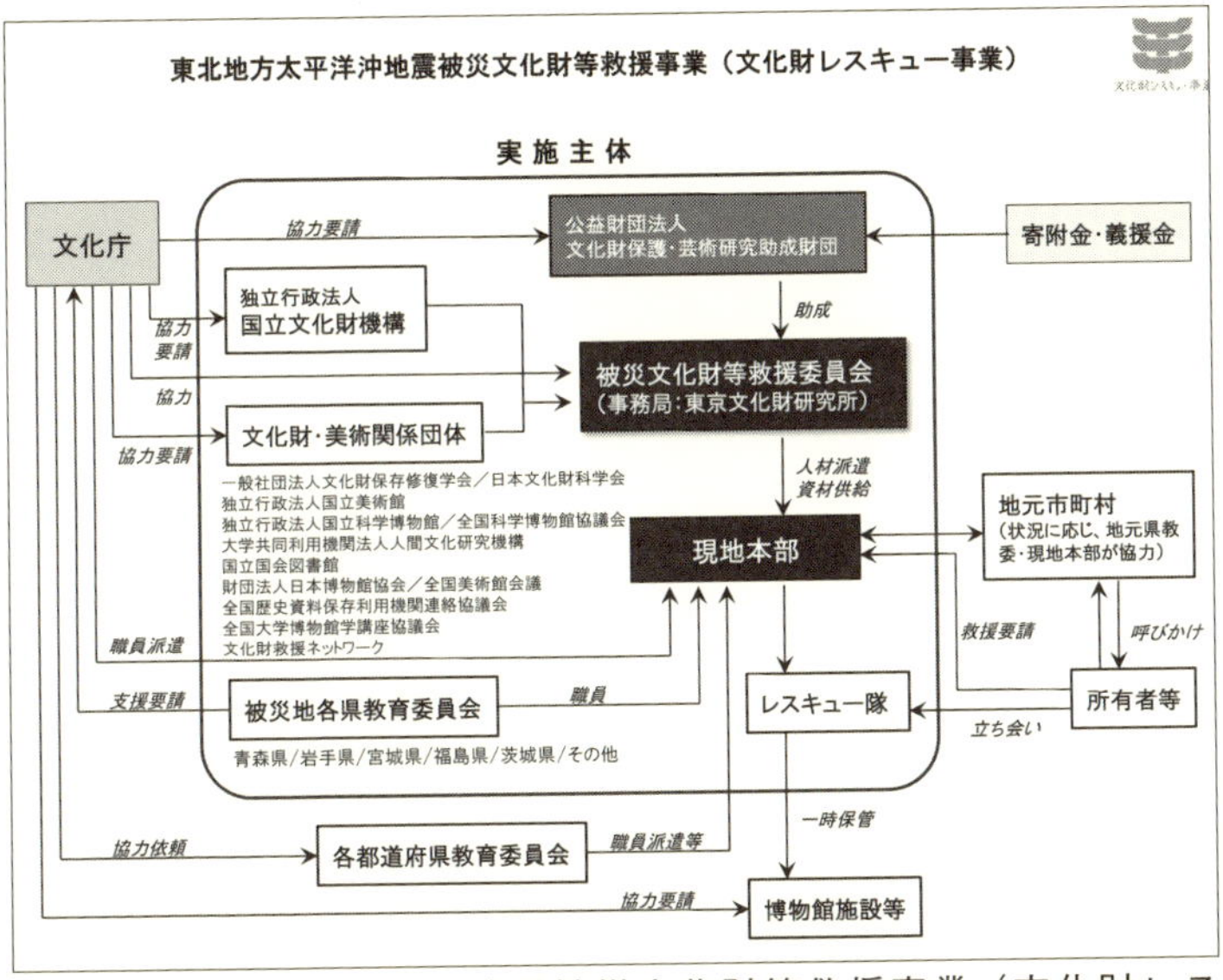

図11　東北地方太平洋沖地震被災文化財等救援事業（文化財レスキュー事業）文化庁ホームページより

同利用機関法人　人間文化研究機構には、国立歴史民俗博物館や国立民族学博物館とともに国文学研究資料館が属しています。この人間文化研究機構が文化庁の傘下で、一緒に救援活動に取り組むことになったので、今回は晴れて「仕事として」やれたということです。

この文化財レスキュー事業には、国立国会図書館も加わりました。

当初、私は国立国会図書館とか国立公文書館というのは独立しているのだから、文化庁の組織の中に加わるのではなく、国立国会図書館が日本図書館協会等と連携して文化財レスキュー委員会のような組織作りをするのが必要だろうなとも考えましたし、国立公文書館はアーカイブズの世界を含めて作るべきだなどと考えたのですが、国立国会図書館は「広く地域で被災しているものは、これが図書館、これは博物館といった垣根を外して一緒に活動させてください」とおっしゃって、ここに加わったのです。だからこそ、文化財レスキュー委員会が派遣申請をするという形で動けたのです。

国立国会図書館が自館の職員を、特定の自治体の文化財等救援のために派遣できるというシステムができたことになります。初めてのことです。

国立公文書館は前述のように単独で活動されました。

アーカイブズ関係機関協議会というところがありまして、ここには国立公文書館もまとめ役として入っていますが、映像も含めたアーカイブズの企業・団体がこれだけあります（図12）。今回初めてこういう形で歴史資料としての公文書・行政文書の救助というものができたわけですが、今後何か起きた場合には、これらの組織とうまく連携しあいながらやっていくことが重要かと思います。

先ほど挙げた「文化財救援ネットワーク」ですが、これは神戸大学の歴史資料ネットワーク、ＮＰＯ法人 宮城歴史資料保全ネットワーク、山形文化遺産防災ネットワーク、岩手歴史民俗ネットワーク（岩手ネット）・東日本大震災対策プロジェクト、ふくしま歴史資料保存ネットワーク、茨城文化財・歴史資料救済・保全ネットワーク準備会（茨城史料ネット）、千葉県文化財救済ネットワークシステム、新潟歴史資料救済ネットワーク、首都圏地域資料情報ネットワーク等が

アーカイブズ関係機関協議会
ＡＲＭＡ International　東京支部
企業史料協議会
記録管理学会
日本アーカイブズ学会
（社）日本画像情報マネジメント協会（JIIMA）
日本歴史学協会 国立公文書館特別委員会
独立行政法人 国立公文書館

図12　アーカイブズ関係機関協議会構成団体

活動しています。

多摩地域にも、東京都市町村立図書館長協議会、NPO法人 共同保存図書館・多摩、東京都三多摩公立博物館協議会等いくつかの団体がありますから、ぜひそこが「今回のような災害があった時にどうしようか」という集まりを開かないといけないと思います。実際に奥多摩の山で地崩れが起こるということもあるかもしれないですから。

文化を伝えていくための日頃の心得

「災害文化」といわれる、災害の経験によって得た知識が伝承される国に生まれ育った私たちは、辛くても災害が起きた時にどうしたらいいのかを考えざるを得ない立場なんです。災害救助とか資料保存という時には、いろいろな団体の個々の活動からネットワークで活動する方向に作り上げていくことがとても重要だということです。そして何よりも「人の支援」ということがやはり必要かつ重要です。

今お話しした大学共同利用機関法人 人間文化研究機構の文化財等レスキュー機構内チー

ムというのは、図13のとおりそれぞれ専門の研究分野を持っています。この中で、国立歴史民俗博物館は、宮城県気仙沼市小々汐の尾形家について展示をやろうとしていて、長年に渡り調査に入っていたのです。そこが今回は甚大な被害を被りましたので今も支援を続けています。

優先順位を明確にしておく

本来、何を早めに救助すべきか、日頃から優先順位をはっきりさせておくことが重要です。

まず、どこにどういうものがあるか、配架場所を自分たちがおさえておく。

その上で、災害が起きたら最初に救助すべきものをリストアップしておく。

優先順位が高いものの上に、配管等が通っていないか

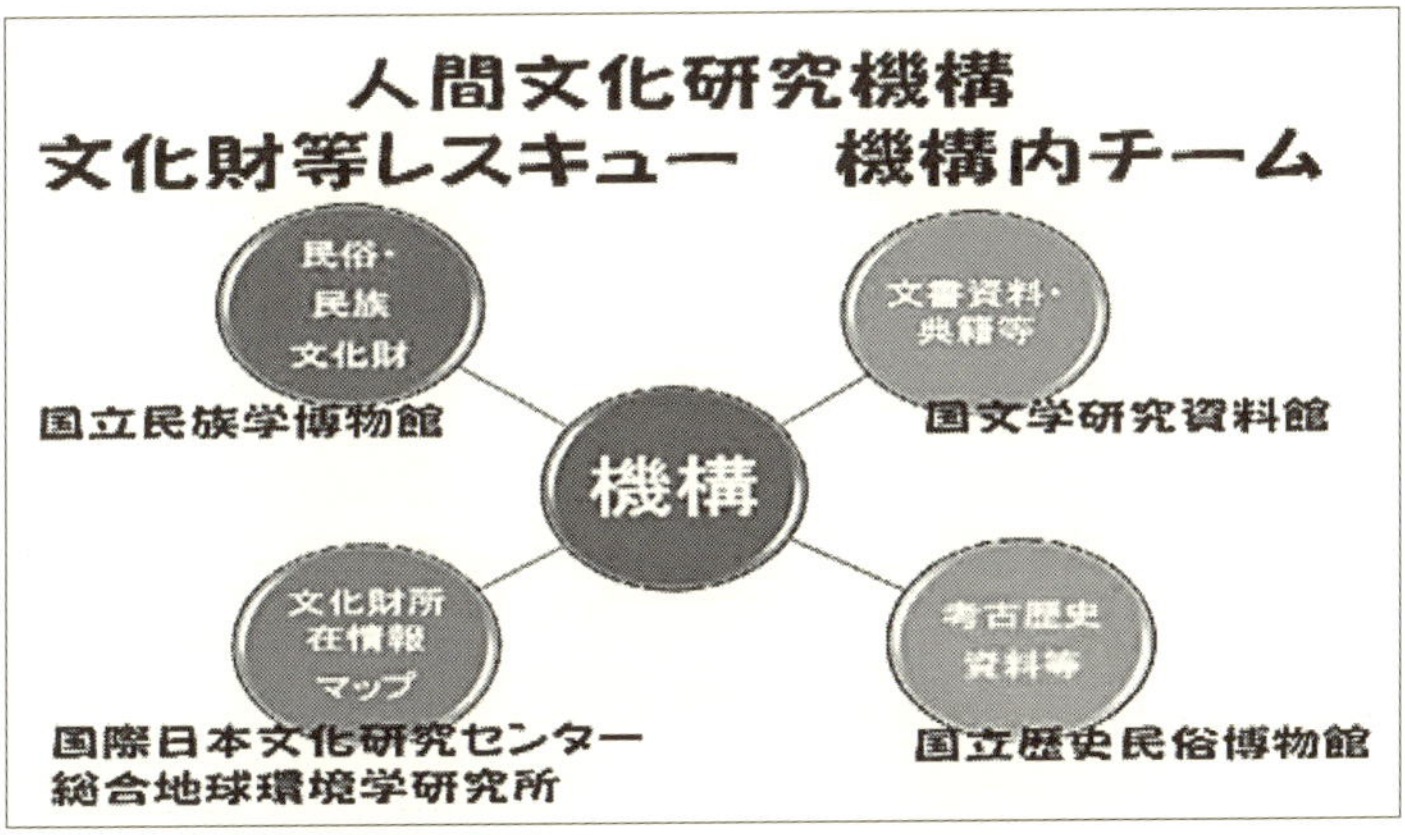

図13 「大学共同利用機関法人 人間文化研究機構」の分掌

どうかを確認し、心配な場合は、最善の場所に配置して、何か起こった場合には即座に救助する。

もうひとつ、水や火、地震の揺れなど、その被害に対して、素材によりナイーブさが違うということは、お分かりですね。水に濡れると困るものは、ネガやポジ等の写真フィルムの類、また、建築図面等も、水に濡れただけで記録されたところが滲んでしまいます。これらは水害の場合、脆弱な媒体として真っ先に救助しなくてはいけないですね。

このように、資料の素材によっても優先する順番を考えておくわけです。日頃から何がどういうものに弱いかを把握しておく必要があります。デジタルデータは、最も熱に弱いですね。ちょっとした温度変化でコンテンツが読めなくなってしまうことがあります。それぞれに強い弱いがあるわけですから、きちんと把握しておいて、いざ災害が起きた時に何がどこにあってどういうものを優先して救助すべきか、常に分かるようにしておくことが大変重要です。

まとめ

今回の釜石市でも、当初は「できればどれを早くきれいに等、ご要望がありますか？」と聞くと、「いや、もう何でもいいです」ということでした。半年以上経過して、やっと一二月を過ぎた頃から現場の方たちが現用文書をどんどん使い始めました。使っているということは、優先順位が一番高いと考えていいのです。ですからそれを真っ先にクリーニングする、使うことによって優先順位が生まれてくるということもあります。

今回の津波で被災したものは、天草の場合と違って腐りません。臭いも塩漬けの浅漬けのようなもので、腐敗臭とは少し違います。

体育館の中で乾燥させるのには、扇風機が一番でした。いろいろ考えるよりも、とにかく扇風機で乾燥させる方が早いです。真水の場合は、圧着すると開けられないんですが、海水の場合は圧着しないんですね。多分こういう原理だと思います。海水の中には、塩分も一緒に入ってくる訳ですから、中の水が乾燥しようとする時に塩分も外に出ようとします。塩って粉を吹きますでしょ。多分、乾燥する時に内側の紙から引っ張られると思うんですね。そうすると紙と紙の間に層ができやすいんです。真水の場合は、塩分のような成分が含まれないので、圧着してそのまま乾燥すると本当に剥がれにくい。でも今回の場合は、「そのまま乾燥して固まってしまってるな」と思っても丁寧に扱うと剥がれていくんです。そういう違いがありました。

ただし明治期の土地台帳の場合は、紙が圧着してしまって、乾燥させる手立てがありませんでした。そのため、薄い紙は凍結しないとダメですが、中厚紙・上質紙は送風等による自然乾燥で大丈夫です。パッパッと仕分けをしながら、「あ、薄いな」と思ったら、先ほどお話した真空凍結乾燥処置を採るというのが順当なんです。

以上、釜石市での活動をまとめると次のようになります。

被災場所と被災点数

釜石市役所

地下文書庫　二万冊

第四・第三庁舎他　七二〇〇冊

救助作業に携わった人材

参加者合計　一二六名、延べ八五九人日
　内訳
　　国文学研究資料館チーム　二三名
　　ボランティア　一〇三名

緊急体制・救助体制
　緊急体制　　　　　　国文学研究資料館チーム
　救助・復旧の組織　　東北地方太平洋沖地震 被災文化財等救援事業

作業進捗状況
二〇一二年三月までにほぼ終了
　被災資料リストは、前年一二月にデータを作成し終えていたので、一月に国から被災資料調査があった際に役立った。乾燥して元の配架場所に戻したので、リストと現物は一致。

資材提供
天草市（大洪水被災経験あり）、文化財等救援委員会、人間文化研究機構　他。

初期段階の乾燥作業
ファイルの乾燥・復旧の方法
チューブファイルを取り外し、中の紙だけの束にする。外さないと、綴じのところに泥がたまって乾かないため、錆・カビの発生源となる。外せる見出しは、外す。

座布団圧縮パックへの封入（個人情報等、人目に触れてはいけないもの等）
掃除機を使い、パック内の空気を抜く。

お役立ちグッズ
①　キッチンペーパー新聞サンド
初期の乾燥時に、おおまかに分けて挟むのに重宝。

② キッチンペーパー段ボサンド

材料は、キッチンペーパーと段ボール紙。表紙のところに段ボサンドをあてがい、平テープで縛ると、立てて乾燥できる。現地では新聞紙の調達が困難だったため、今回は、国立国会図書館の職員の皆さんが大量に作成して提供してくださった。

③ 座布団圧縮パックと掃除機

五〇センチくらいの高さに詰め込んで、低温の場所に一時的に保管後、掃除機でパック内の空気を抜くと、乾いている紙や段ボールに水が移行し、乾燥が進む。この方法は、「スクウェルチ・パッキング法」という。東ヨーロッパで小さいバキュームタイプのパッキング機が開発され、三日間で中の吸水紙を取り換えることを繰り返すと、大体一か月で一冊の本を乾燥できる。しかし、現場で何度も取り換えるのは、まず不可能なため、大量なものの対処には不都合。

④ 布製のインナー手袋

ゴム手袋の内側に重ねて使うと、手のふやけを防げる。

⑤　マスク、アイガード

空気中に飛散するカビ等からの防護に適する形状・材質のものを使用。

⑥　ラップの芯、タワシ、「糊バケ」を短く切ったハケ、マジッククロス

⑦　剥離用竹べら

和裁用ものさしの先を削ったものが使い勝手がよい。ステンレスやプラスチックといった材質のものは、濡れている紙の間には入れにくい。

⑧写真等をつるすピンチ付きロープ、タコ糸と刺繍用針13号

「東日本大震災津波被害資料の復旧プロジェクト報告会」の開催　七月二一、二三日

これから復旧作業にとりかかる人たちのために、非効率的なやり方をしなくて済むよう知識と技術の共有化を図った。

国文学研究資料館の今後の取り組みについて

以前の国文学研究資料館は、品川区にあっていろいろな被災経験があるわけですね。その経験を自分たちの代だけではなく、次の世代に繋げていくことが大事です。

一九九二年は、東京に地震が多く起きた年なんです。震度四とか五というのが何度かあって、この時に「あぁ、地震って年に一回ぐらいはないと心配だよね」なんて言っていたことがあります。最近ちょっと地震が少なかったことは事実です。だから、自分のところがどういう状況の時に、震度五だったらどの程度の被害が起きるのかということをきちんと記録して、その後の対策を考えていくのも重要だということですね。

現在の国文学研究資料館は、免震構造になっていますが、今回の地震でその弱点も分かりました。それらをきちんと押さえて今後に向けた指針にしておきたいと思います。

青木　睦（あおき　むつみ）

画・佐賀　朝

略歴　1957年生まれ
　　　1981年から国文学研究資料館勤務

現在　大学共同利用機関法人 人間文化研究機構 国文学研究資料館
　　　研究部准教授

専門分野　史料管理学

主な著作
・「史料収蔵環境に対する保存箱の効果」共著（史料館研究紀要　第30号）
・「民間所蔵史料の保存・管理に関する研究」（史料館研究紀要　第27号）
・「記録史料」の保存と修復を取り巻く状況
　　　　（『記録史料の保存と修復』アグネ技術センター　1995）
・「東日本大震災における被災文書の救助・復旧活動」
　　　　（国文学研究資料館紀要　アーカイブズ研究篇　第９号）

EYE LOVE EYE

被災資料救助から考える資料保存
－東日本大震災後の釜石市での文書レスキューを中心に－
（多摩デポブックレット　8）
＊第13回多摩デポ講座の演題「災害と資料保存」から抜粋・追記したため、タイトルも当日とは変更しています。

2013年11月１日第１刷発行
著　者　青木　睦
発　行　特定非営利活動法人　共同保存図書館・多摩
　　　　理事長　　座間　直壮
　　　　http://www.tamadepo.org
発　売　株式会社けやき出版
　　　　http://www.keyaki-s.co.jp
　　　　東京都立川市柴崎町３－９－６　高野ビル1F
　　　　TEL 042－525－9909
印　刷　株式会社 平河工業社

ISBN978－4－87751－504－1 C0037